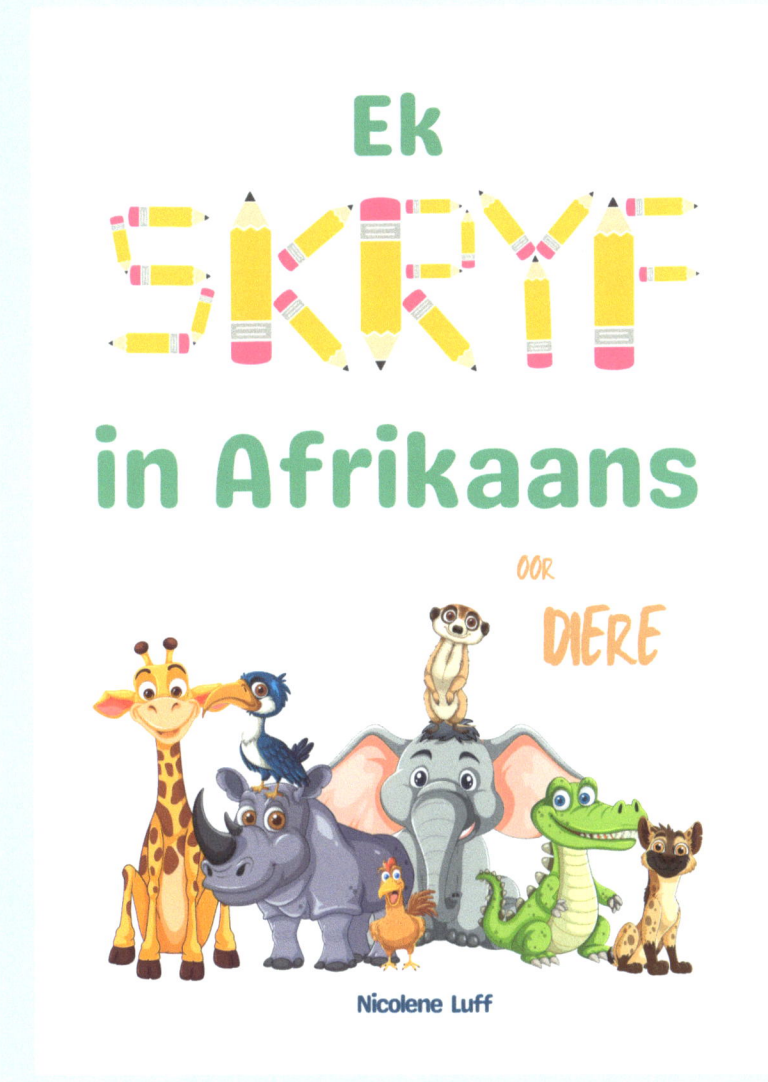

Copyright © 2025 by Nicolene Luff

ISBN: 979-8-9923945-4-2

All rights reserved.

Copyright © 2025 by Nicolene Luff
All rights reserved.
No part of this publication may be reproduced, distributed, or transmitted in any form or by any means, including photocopying, recording, or other electronic or mechanical methods, without the prior written permission of the publisher, except as permitted by U.S. copyright law. For permission requests, contact Nicolene Luff at nicoleneinafrikaans@gmail.com.

The story, all names, characters, and incidents portrayed in this production are fictitious. No identification with actual persons (living or deceased), places, buildings, and products is intended or should be inferred.

This publication is designed to provide accurate and authoritative information in regard to the subject matter covered. It is sold with the understanding that neither the author nor the publisher is engaged in rendering legal, investment, accounting or other professional services. While the publisher and author have used their best efforts in preparing this book, they make no representations or warranties with respect to the accuracy or completeness of the contents of this book and specifically disclaim any implied warranties of merchantability or fitness for a particular purpose. No warranty may be created or extended by sales representatives or written sales materials. The advice and strategies contained herein may not be suitable for your situation. You should consult with a professional when appropriate. Neither the publisher nor the author shall be liable for any loss of profit or any other commercial damages, including but not limited to special, incidental, consequential, personal, or other damages.

Book Cover by Nicolene Luff
Illustrations by Nicolene Luff
ISBN: 979-8-9923945-4-2

"Laat ons taal voortleef in jou!"

INKLEUR!

Kleur die prentjie in en skryf die woord.

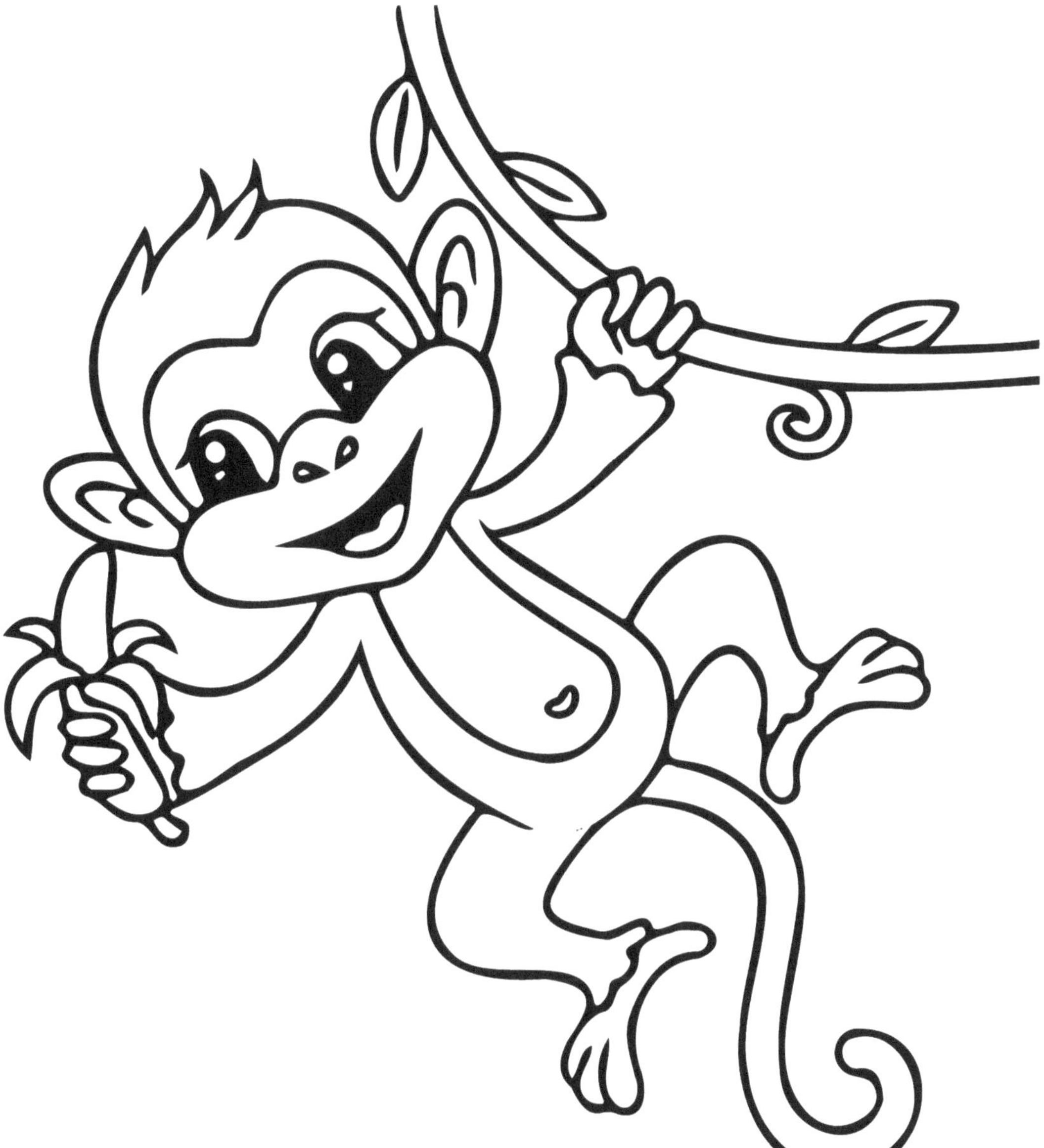

apie

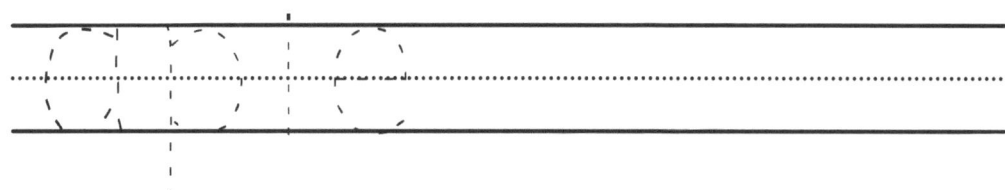

INKLEUR!

Kleur die prentjie in en skryf die woord.

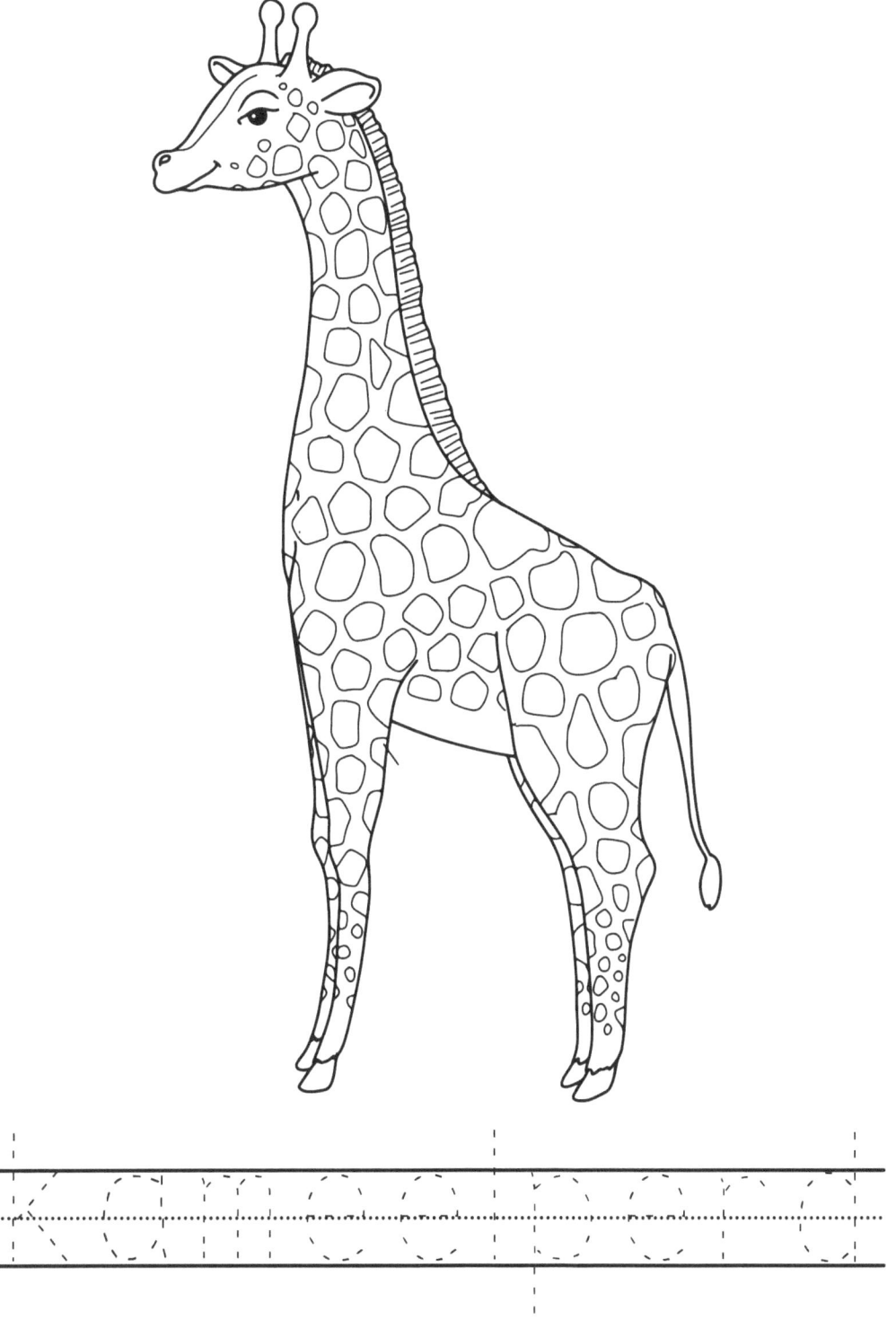

kameelperd

INKLEUR!

Kleur die prentjie in en skryf die woord.

seeskilpad

INKLEUR!

Kleur die prentjie in en skryf die woord.

wasbeer

INKLEUR!

Kleur die prentjie in en skryf die woord.

arend

INKLEUR!

Kleur die prentjie in en skryf die woord.

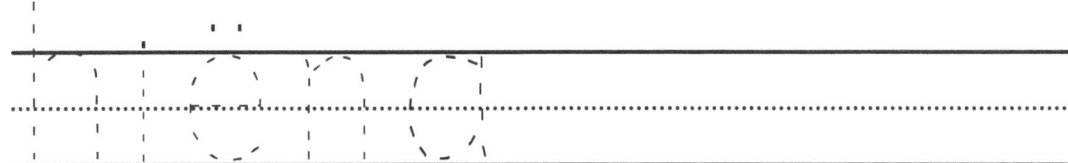

hiëna

INKLEUR!

Kleur die prentjie in en skryf die woord.

paling

INKLEUR!

Kleur die prentjie in en skryf die woord.

kalkoen

INKLEUR!

Kleur die prentjie in en skryf die woord.

vlermuis

INKLEUR!

Kleur die prentjie in en skryf die woord.

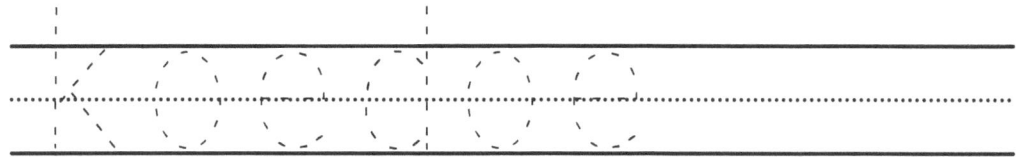

kudoo

INKLEUR!

Kleur die prentjie in en skryf die woord.

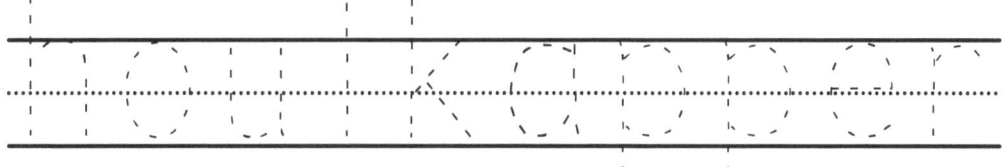
houtkapper

INKLEUR!

Kleur die prentjie in en skryf die woord.

olifant

INKLEUR!

Kleur die prentjie in en skryf die woord.

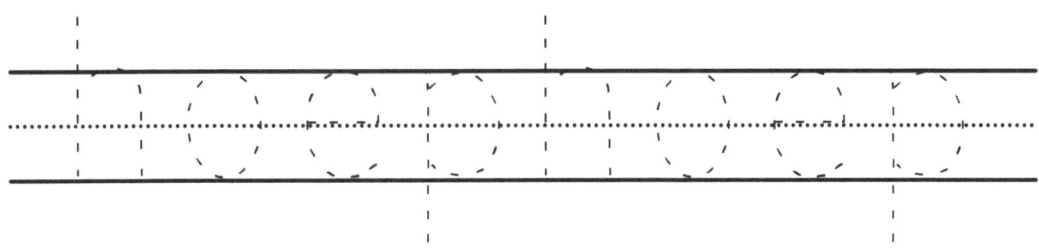

INKLEUR!

Kleur die prentjie in en skryf die woord.

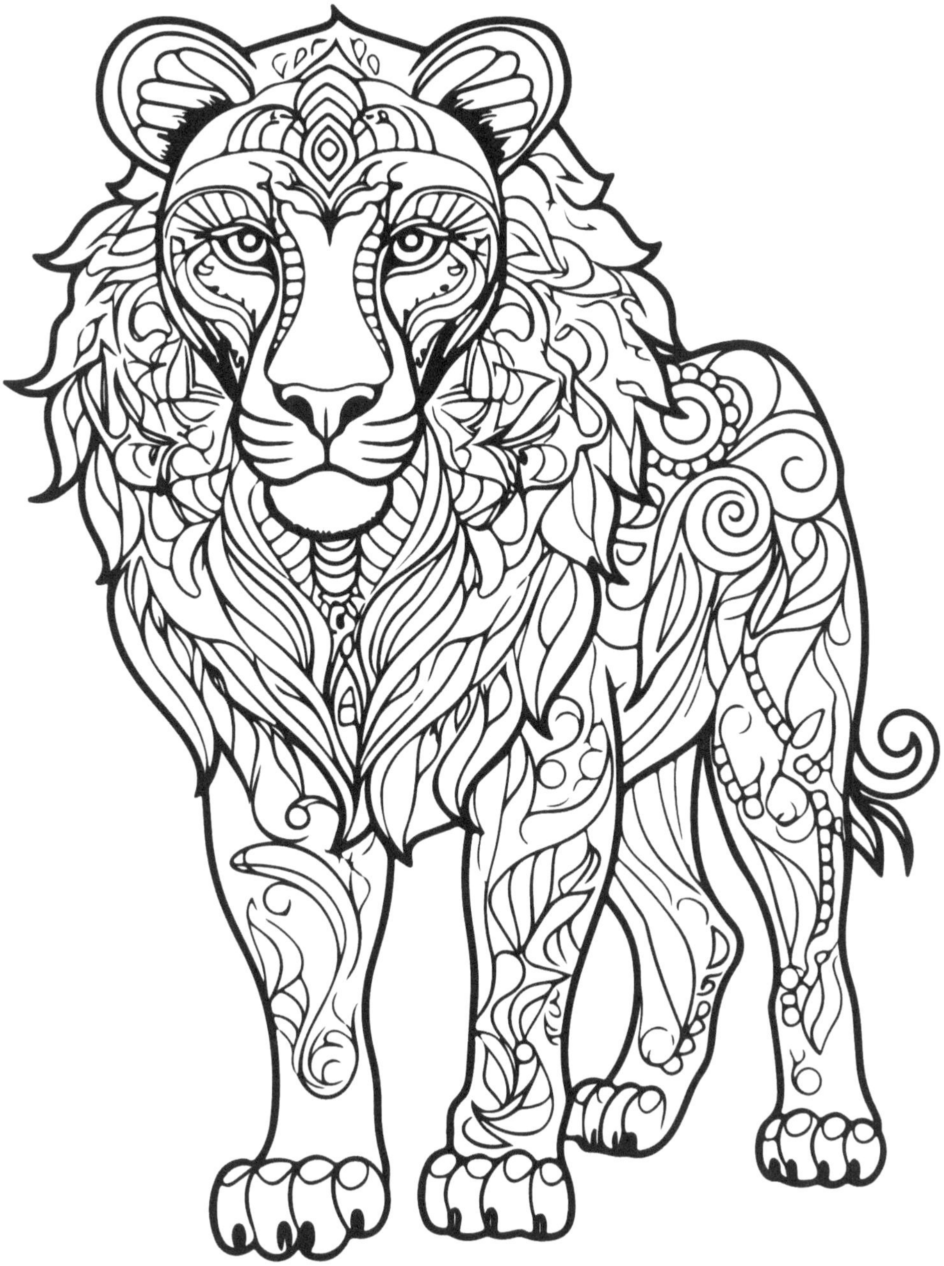

leeu

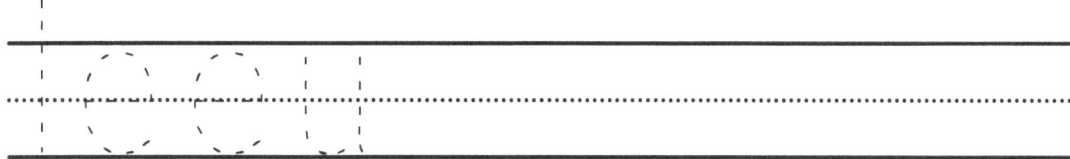

INKLEUR!

Kleur die prentjie in en skryf die woord.

volstruis

INKLEUR!

Kleur die prentjie in en skryf die woord.

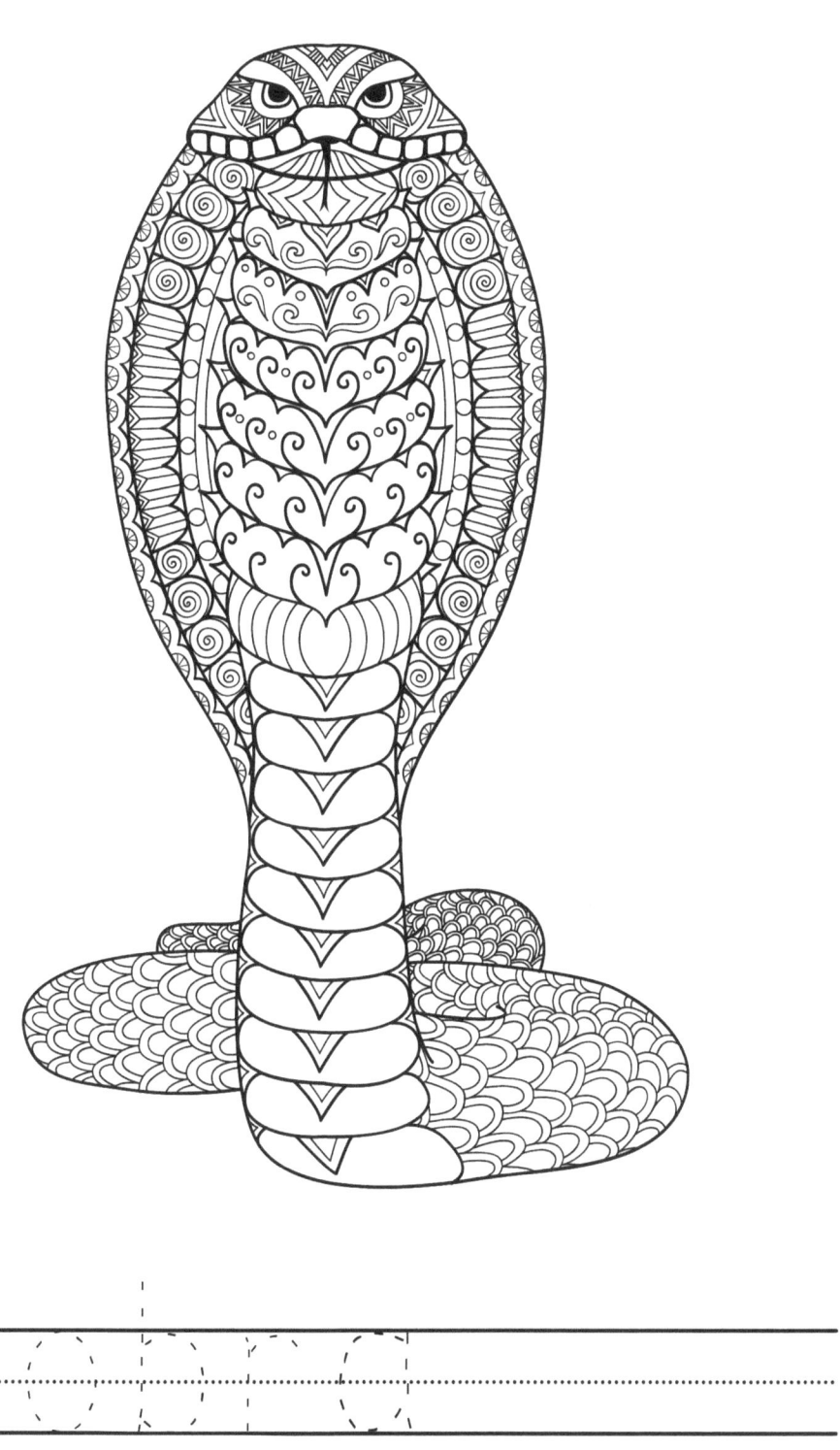

kobra

INKLEUR!

Kleur die prentjie in en skryf die woord.

springbok

INKLEUR!

Kleur die prentjie in en skryf die woord.

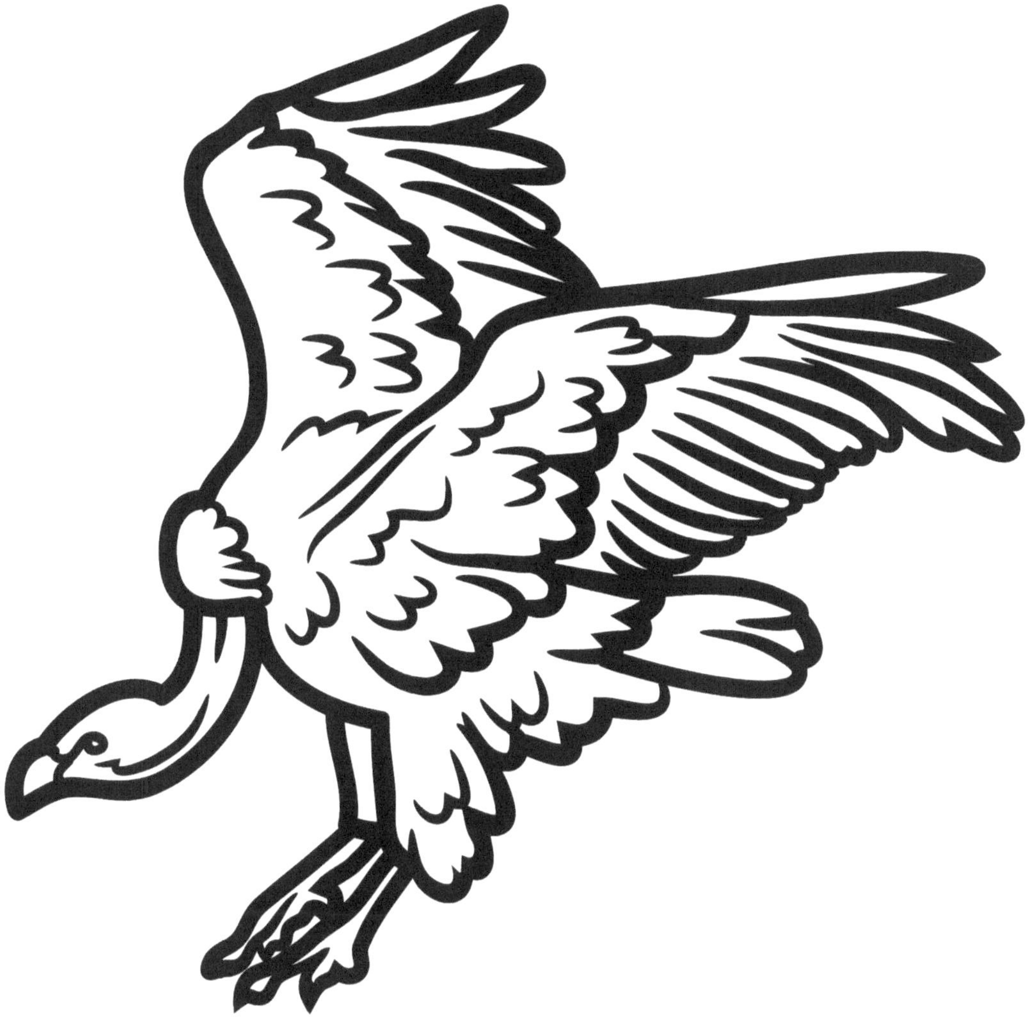

aasvoël

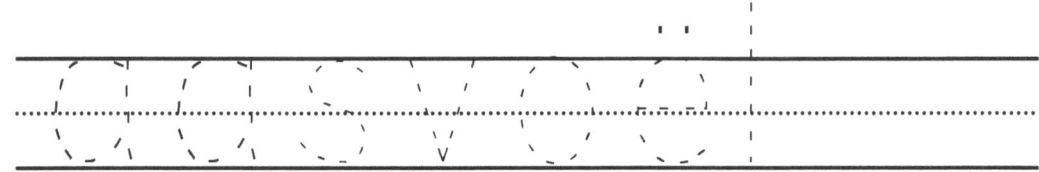

INKLEUR!

Kleur die prentjie in en skryf die woord.

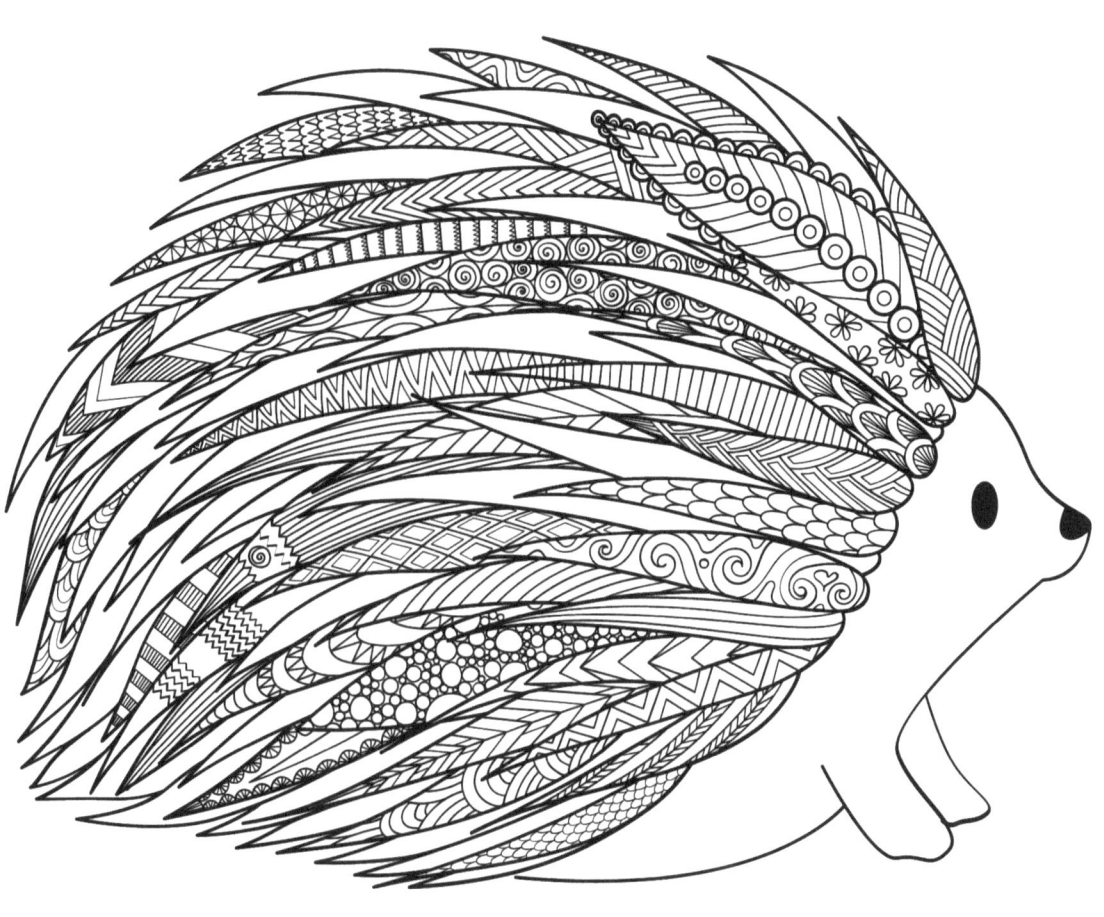

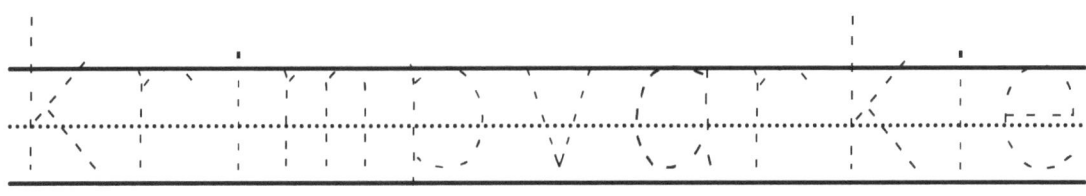

INKLEUR!

Kleur die prentjie in en skryf die woord.

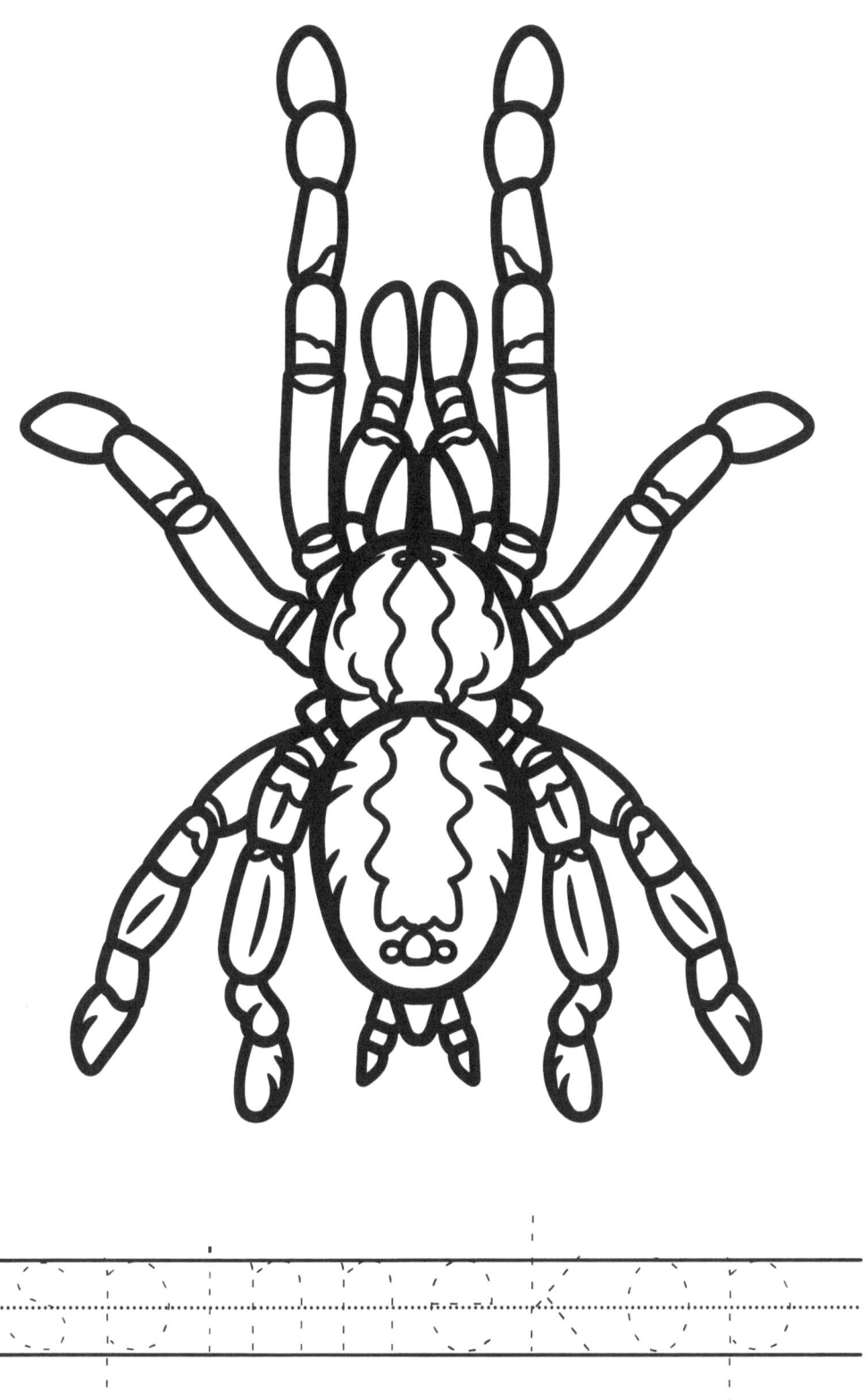

spinnekop

INKLEUR!

Kleur die prentjie in en skryf die woord.

seekoei

INKLEUR!

Kleur die prentjie in en skryf die woord.

haas

INKLEUR!

Kleur die prentjie in en skryf die woord.

gemsbok

INKLEUR!

Kleur die prentjie in en skryf die woord.

ooievaar

INKLEUR!

Kleur die prentjie in en skryf die woord.

swartwitpens

INKLEUR!

Kleur die prentjie in en skryf die woord.

skerpioen

INKLEUR!

Kleur die prentjie in en skryf die woord.

verkleurmannetjie

INKLEUR!

Kleur die prentjie in en skryf die woord.

renoster

INKLEUR!

Kleur die prentjie in en skryf die woord.

boom padda

INKLEUR!

Kleur die prentjie in en skryf die woord.

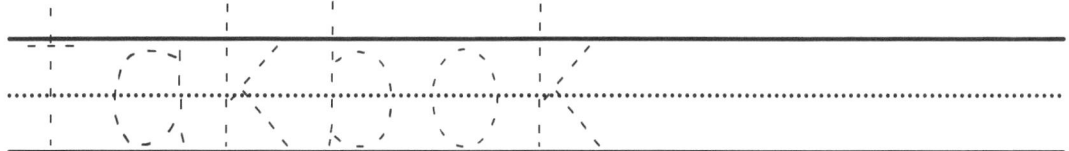

takbok

INKLEUR!

Kleur die prentjie in en skryf die woord.

flamink

INKLEUR!

Kleur die prentjie in en skryf die woord.

seeperdjie

VOLTOOI DIE PATROON

Kyk na die patroon en teken die prentjie wat volg in die oop blok.

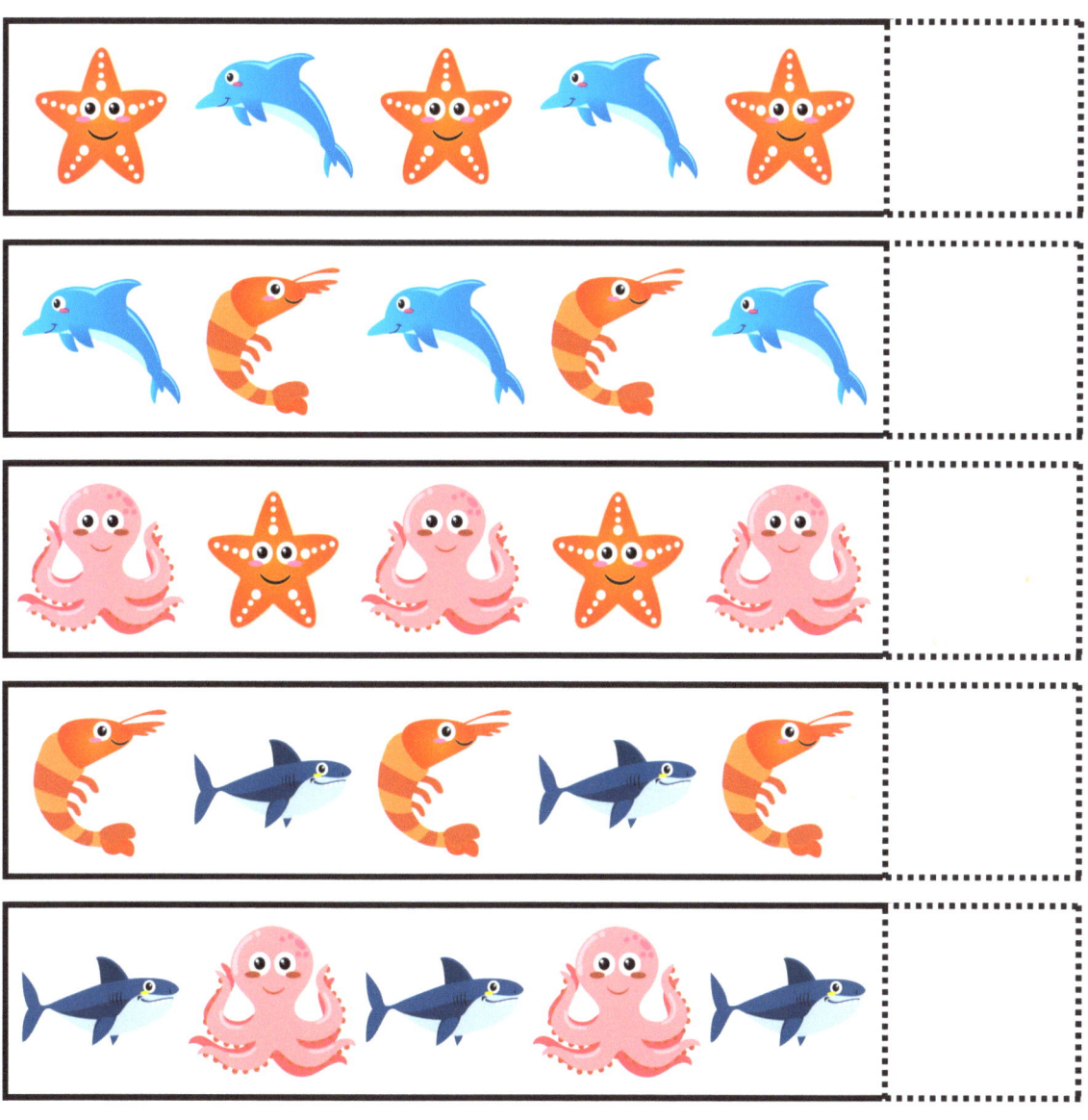

VOLTOOI DIE PATROON

Kyk na die patroon en teken die prentjie wat volg in die oop blok.

VOLTOOI DIE PATROON

Kyk na die patroon en teken die prentjie wat volg in die oop blok.

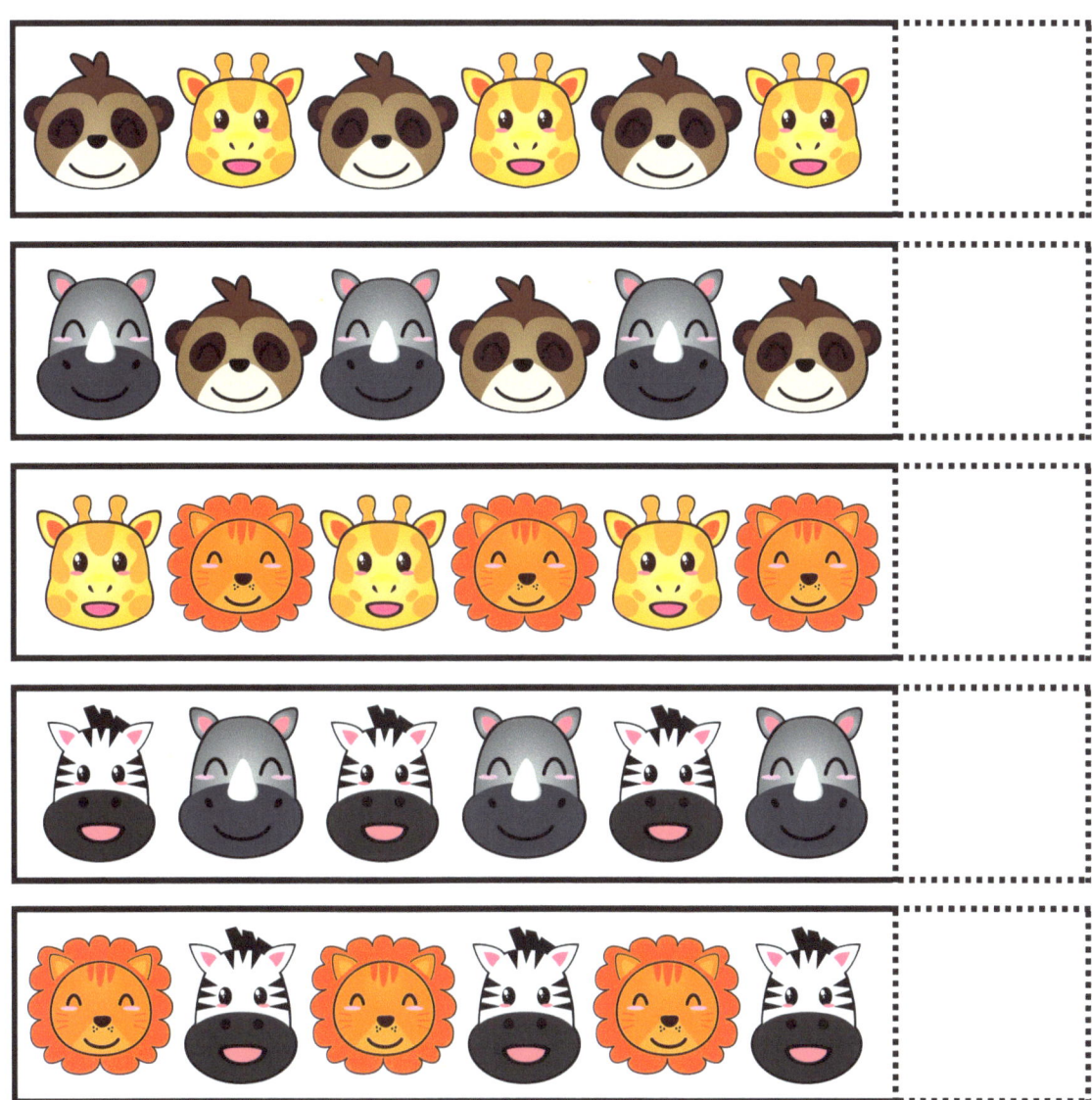

NOMMERS
Skryf die woorde: nul, een, twee, drie, vier, vyf.

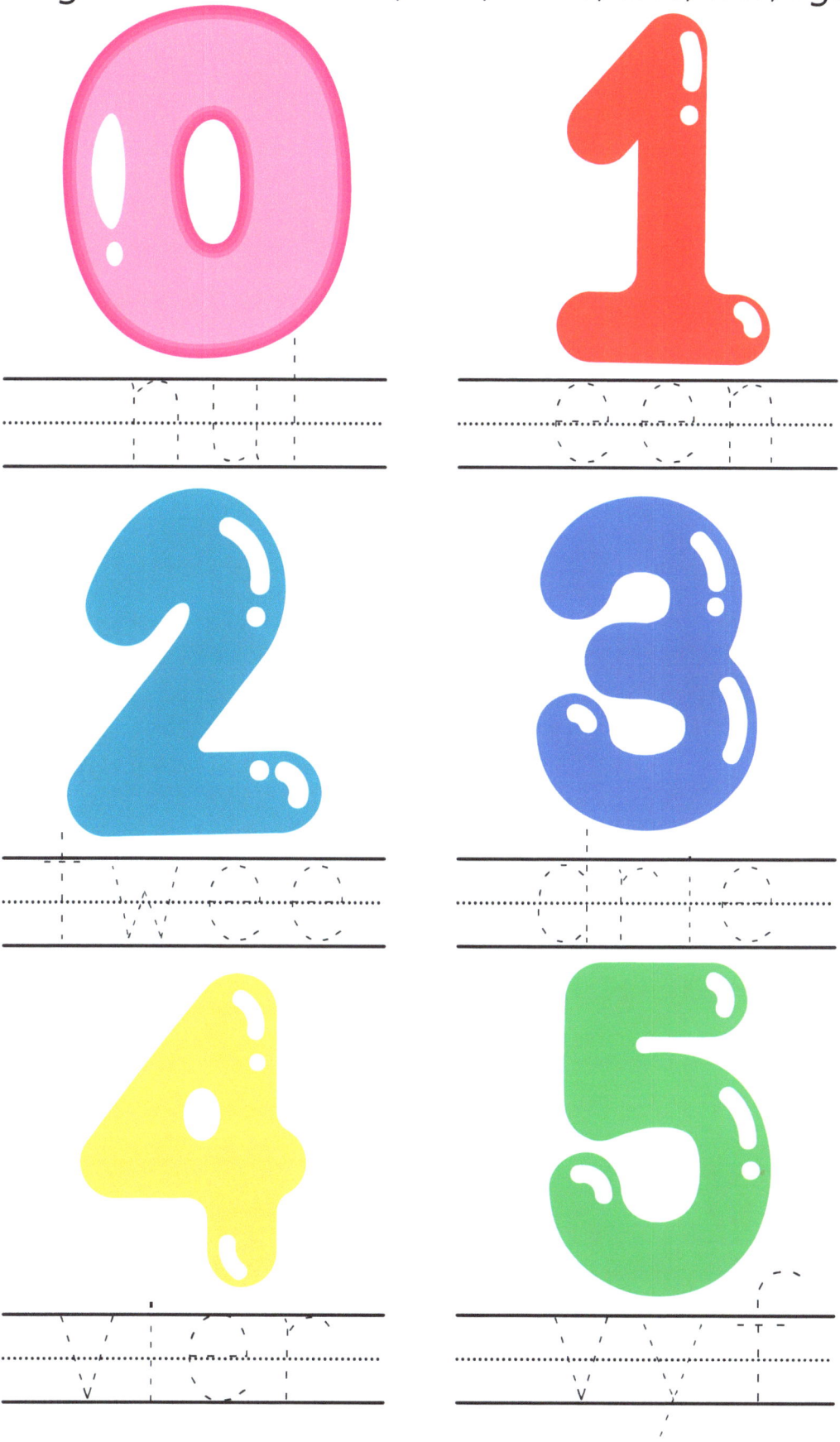

NOMMERS
Skryf die woorde: ses, sewe, agt, nege, tien, elf.

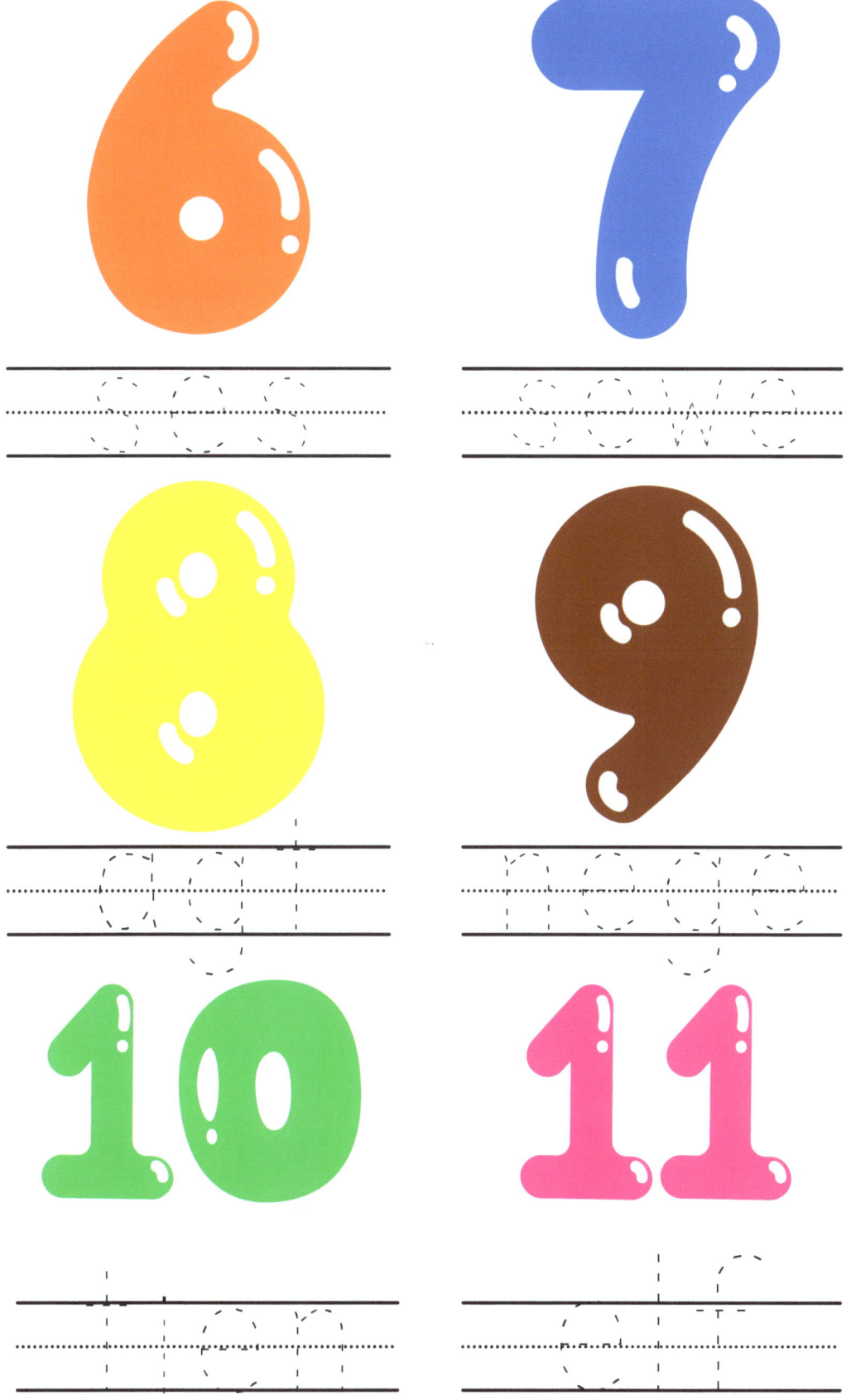

NOMMERS
Skryf die woorde: twaalf, dertien, veertien, vyftien, sestien, sewentien.

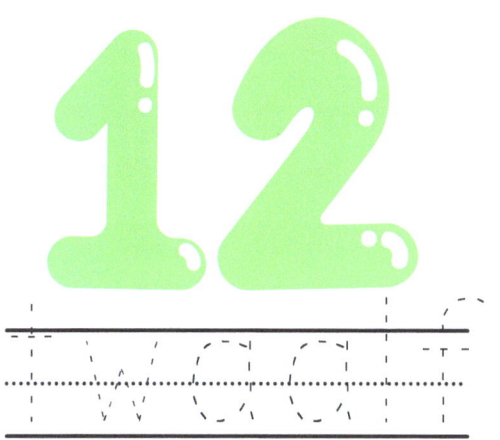
twaalf

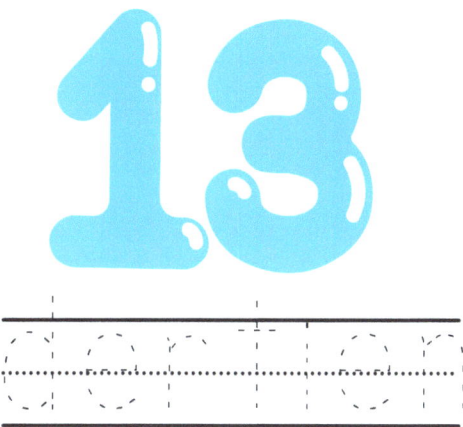
dertien

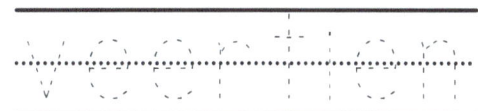
veertien

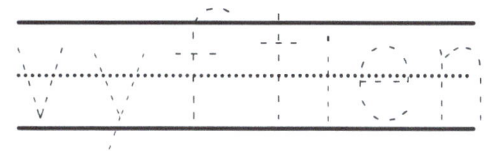
vyftien

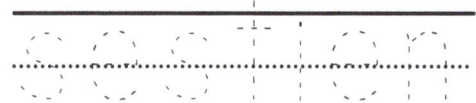
sestien

sewentien

NOMMERS

Skryf die woorde:
agtien, negentien.

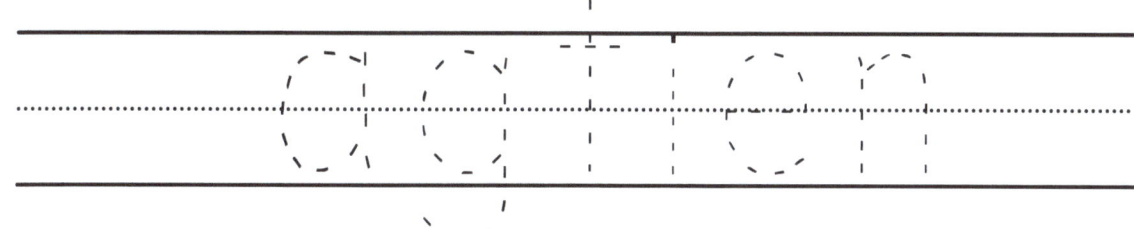

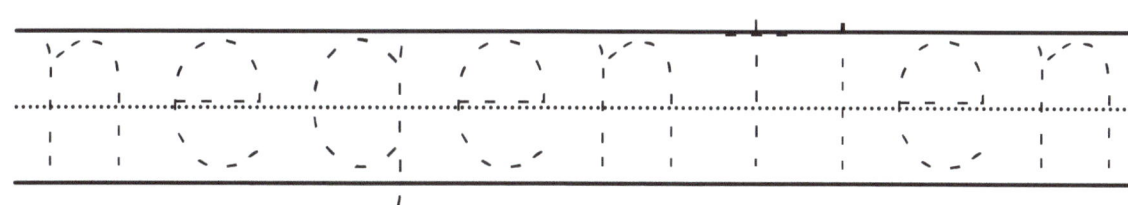

NOMMERS

Skryf die woorde:
twintig, een en twintig,.

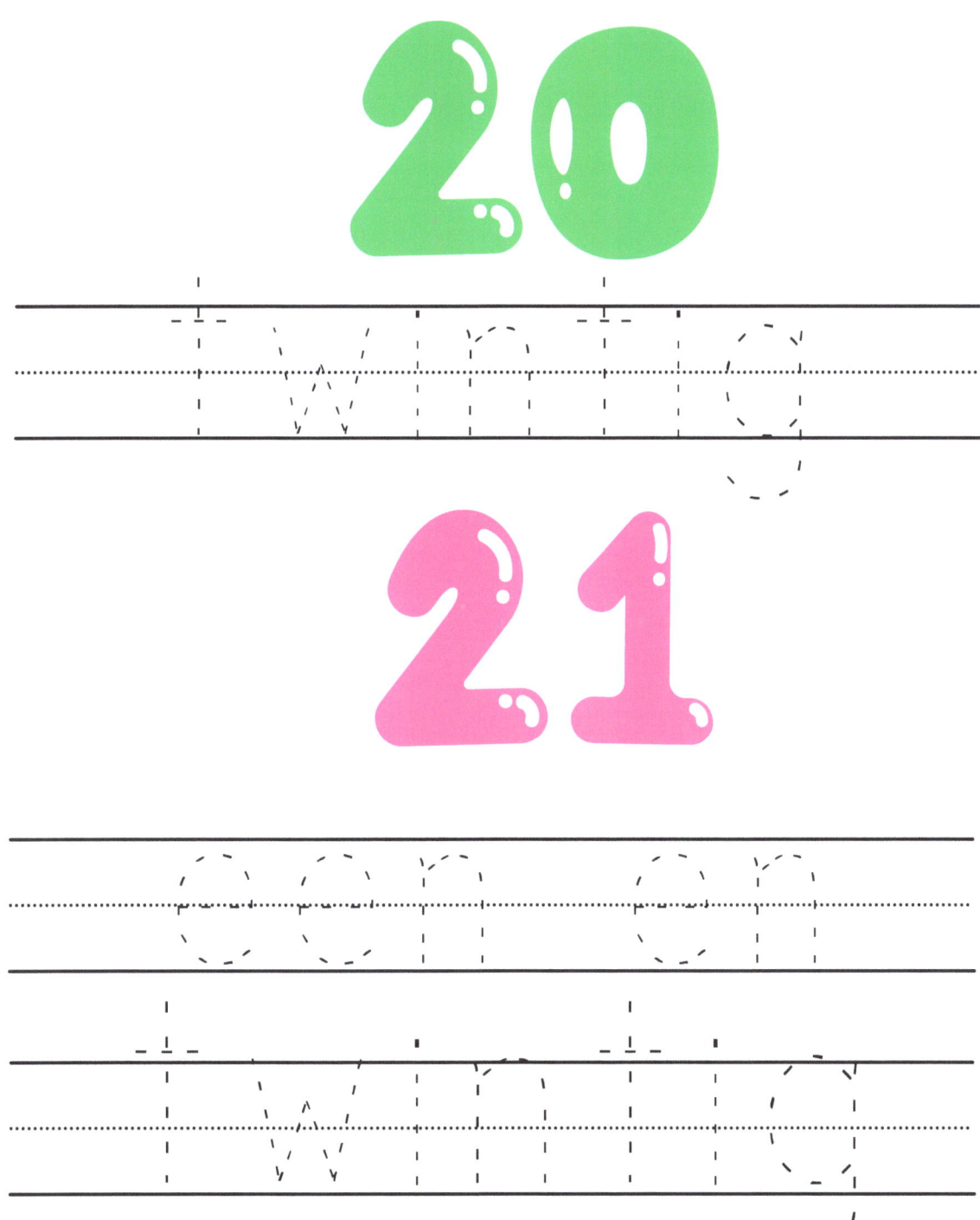

TEL DIE DIERE

Vind en tel elke dier, skryf dan die nommer in die boks.

TEL DIE DIERE

Vind en tel elke dier, skryf dan die nommer in die boks.

MAAK 'N STAAFGRAFIEK

Vind en tel elke dier, skryf dan die nommer in die boks.
Kleur die hoeveelheid blokkies in om die staafgrafiek te maak.

Hoeveel van elk?

Van watter dier het jy die **meeste** gevind?
_____

Van watter dier het jy die **minste** gevind?
_____

MAAK 'N STAAFGRAFIEK

Vind en tel elke dier, skryf dan die nommer in die boks.
Kleur die hoeveelheid blokkies in om die staafgrafiek te maak.

Hoeveel van elk?

Van watter dier het jy die **meeste** gevind?

_____

Van watter dier het jy die **minste** gevind?

_____

DIERE NAME

Skryf die naam van die dier. Kies die woord uit die woordelys.

_____
....
_____

_____
....
_____

_____
....
_____

_____
....
_____

Woordelys:

| kat | gaans | hond | eend |

DIERE NAME

Skryf die naam van die dier. Kies die woord uit die woordelys.

Woordelys:

| skaap | haas | perd | koei |

DIERE NAME

Skryf die naam van die dier. Kies die woord uit die woordelys.

Woordelys:

| patrys | volstruis | kwartel | pou |

DIERE NAME

Skryf die naam van die dier. Kies die woord uit die woordelys.

Woordelys:

| krokodil | padda | slang | skilpad |

DIERE NAME

Skryf die naam van die dier. Kies die woord uit die woordelys.

Woordelys:

| fisant | valk | tarentaal | papegaai |

DIERE NAME

Skryf die naam van die dier. Kies die woord uit die woordelys.

Woordelys:			
wasbeer	muis	uil	vark

DIERE NAME

Skryf die naam van die dier. Kies die woord uit die woordelys.

Woordelys:			
miervreter	muishond	kraai	pikkewyn

DIERE NAME

Skryf die naam van die dier. Kies die woord uit die woordelys.

_____
....
_____

_____
....
_____

_____
....
_____

_____
....
_____

Woordelys:

| olifant | aap | renoster | zebra |

DIERE NAME

Skryf die naam van die dier. Kies die woord uit die woordelys.

Woordelys:

| luiperd | kameelperd | seekoei | kameel |

DIERE NAME

Skryf die naam van die dier. Kies die woord uit die woordelys.

_____
....
_____

_____
....
_____

_____
....
_____

_____
....
_____

Woordelys:

| jagluiperd | bobbejaan | aardvark | tapir |

DIERE NAME

Skryf die naam van die dier. Kies die woord uit die woordelys.

Woordelys:

| woestynspringmuis | neushoringvoël | bewer | toekan |

DIERE NAME

Skryf die naam van die dier. Kies die woord uit die woordelys.

Woordelys:

| skoenlapper | haai | flamink | heuningby |

DIERE NAME

Skryf die naam van die dier. Kies die woord uit die woordelys.

_____
....
_____

_____
....
_____

_____
....
_____

_____
....
_____

Woordelys:

| jakkals | tier | eekhoring | leeu |

DIERE NAME

Skryf die naam van die dier. Kies die woord uit die woordelys.

_____
....
_____

_____
....
_____

_____
....
_____

_____
....
_____

Woordelys:

| akkedis | geitjie | perdeby | aardwolf |

DIERE NAME

Skryf die naam van die dier. Kies die woord uit die woordelys.

Woordelys:

| erdwurm | sprinkaan | naaldekoker | mier |

DIERE NAME

Skryf die naam van die dier. Kies die woord uit die woordelys.

Woordelys:

| krap | jellievis | rob | seekat |

DIERE NAME

Skryf die naam van die dier. Kies die woord uit die woordelys.

_____
....
_____

_____
....
_____

_____
....
_____

_____
....
_____

Woordelys:

| loerie | bokmakierie | suikerbekkie | hadeda |

DIERE NAME

Skryf die naam van die dier. Kies die woord uit die woordelys.

Woordelys:

| walvis | dolfyn | kewer | slak |

DIERE NAME

Skryf die naam van die dier. Kies die woord uit die woordelys.

Woordelys:

| duif | arend | pelikaan | swaan |

DIERE NAME

Skryf die naam van die dier. Kies die woord uit die woordelys.

_____
....
_____

_____
....
_____

_____
....
_____

_____
....
_____

Woordelys:

| tierboskat | jakkals | buffel | vlakvark |

DIERE NAME

Skryf die naam van die dier. Kies die woord uit die woordelys.

_____
....
_____

_____
....
_____

_____
....
_____

_____
....
_____

Woordelys:

| bidsprinkaan | ruspe | kakkerlak | kriek |

DIERE NAME

Skryf die naam van die dier. Kies die woord uit die woordelys.

_____
....
_____

_____
....
_____

_____
....
_____

_____
....
_____

Woordelys:

| mossie | reier | swaaltjie | seemeeu |

DIERE NAME

Skryf die naam van die dier. Kies die woord uit die woordelys.

_____
....
_____

_____
....
_____

_____
....
_____

_____
....
_____

Woordelys:

| gordeldier | muskeljaatkat | rooibok | springbok |

DIERE NAME

Skryf die naam van die dier. Kies die woord uit die woordelys.

_____
....
_____

_____
....
_____

_____
....
_____

_____
....
_____

Woordelys:

| marlyn | garnaal | baber | seilvis |

DIERE NAME

Skryf die naam van die dier. Kies die woord uit die woordelys.

Woordelys:

| parakiet | eendbekdier | meerkat | ratel |

DIERE NAME

Skryf die naam van die dier. Kies die woord uit die woordelys.

Woordelys:

| moordwalvis | hammerkophaai | pylstert | blaasoppie |

WILDE DIERE

SOEK DIE WOORD

Vind die woorde hier onder en merk hulle.

Z	E	B	R	A	P	B	A	Z	C	D	M
G	O	R	I	L	L	A	D	S	M	N	E
B	L	S	N	P	B	F	N	B	O	H	E
T	I	L	R	N	A	R	A	I	F	S	R
Z	F	H	O	L	U	I	P	E	R	D	K
B	A	S	P	R	I	N	G	B	O	K	A
E	N	K	I	O	I	E	A	R	E	I	T
E	T	B	O	B	E	J	A	A	N	G	Y
R	L	E	E	U	J	S	K	O	A	L	A

- OLIFANT
- MEERKAT
- LUIPERD
- LEEU
- BOBEJAAN
- SPRINGBOK
- TIER
- PANDA
- KOALA
- GORILLA
- ZEBRA
- BEER

MAK DIERE

SOEK DIE WOORD

Vind die woorde hier onder en merk hulle.

D	O	N	K	I	E	L	M	A	R	V	H
L	P	A	D	D	A	G	A	N	D	N	O
B	E	K	R	E	N	R	R	N	N	T	E
T	R	G	S	A	K	S	M	A	O	A	N
Z	D	A	L	K	Y	I	O	P	H	K	D
V	I	S	S	I	E	A	T	A	O	E	E
A	V	W	A	H	A	M	S	T	E	R	R
Y	I	N	E	S	K	I	L	P	A	D	Y
E	S	J	E	P	E	R	C	J	I	E	W

- HOND
- PADDA
- HASIE
- KAT
- VISSIE
- HOENDER
- SKILPAD
- SLANG
- MARMOT
- PERD
- HAMSTER
- DONKIE

SEE DIERE

SOEK DIE WOORD
Vind die woorde hier onder en merk hulle.

S	E	E	S	K	I	L	P	A	D	V	S
J	P	A	L	I	N	G	O	O	M	N	E
B	L	K	R	E	E	F	L	N	O	T	E
T	I	R	S	N	A	F	I	A	O	A	S
Z	N	A	O	K	Y	I	L	P	H	K	T
V	K	P	T	N	I	A	L	I	A	E	E
A	V	W	A	L	V	I	S	E	A	E	R
Y	I	J	E	L	L	I	E	V	I	S	Y
E	S	E	E	P	E	R	D	J	I	E	W

- SEESKILPAD
- DOLFYN
- INKVIS
- SEESTER
- JELLIEVIS
- KREEF
- HAAI
- SEEPERDJIE
- SEEKAT
- KRAP
- WALVIS
- PALING

ULIEËNDE DIERE

SOEK DIE WOORD

Vind die woorde hier onder en merk hulle.

S	U	I	K	E	R	B	E	K	K	I	E
T	H	A	D	E	D	A	M	O	A	N	P
B	L	K	R	A	A	I	L	N	N	T	E
T	I	R	S	N	D	N	E	R	A	A	R
Z	U	E	I	R	E	O	L	P	R	K	D
V	L	E	R	M	U	I	S	I	I	E	E
A	V	W	A	M	O	S	S	I	E	Y	B
L	I	M	E	T	L	I	U	V	Q	S	Y
K	P	A	P	E	G	A	A	I	K	E	W

- SUIKERBEKKIE
- KANARIE
- MOSSIE
- AREND
- PAPEGAAI
- KRAAI
- VALK
- PERDEBY
- VLERMUIS
- UIL
- LOERIE
- HADEDA

KLEURE

reënboog

krimpvarkie

reënboog

krimpvarkie

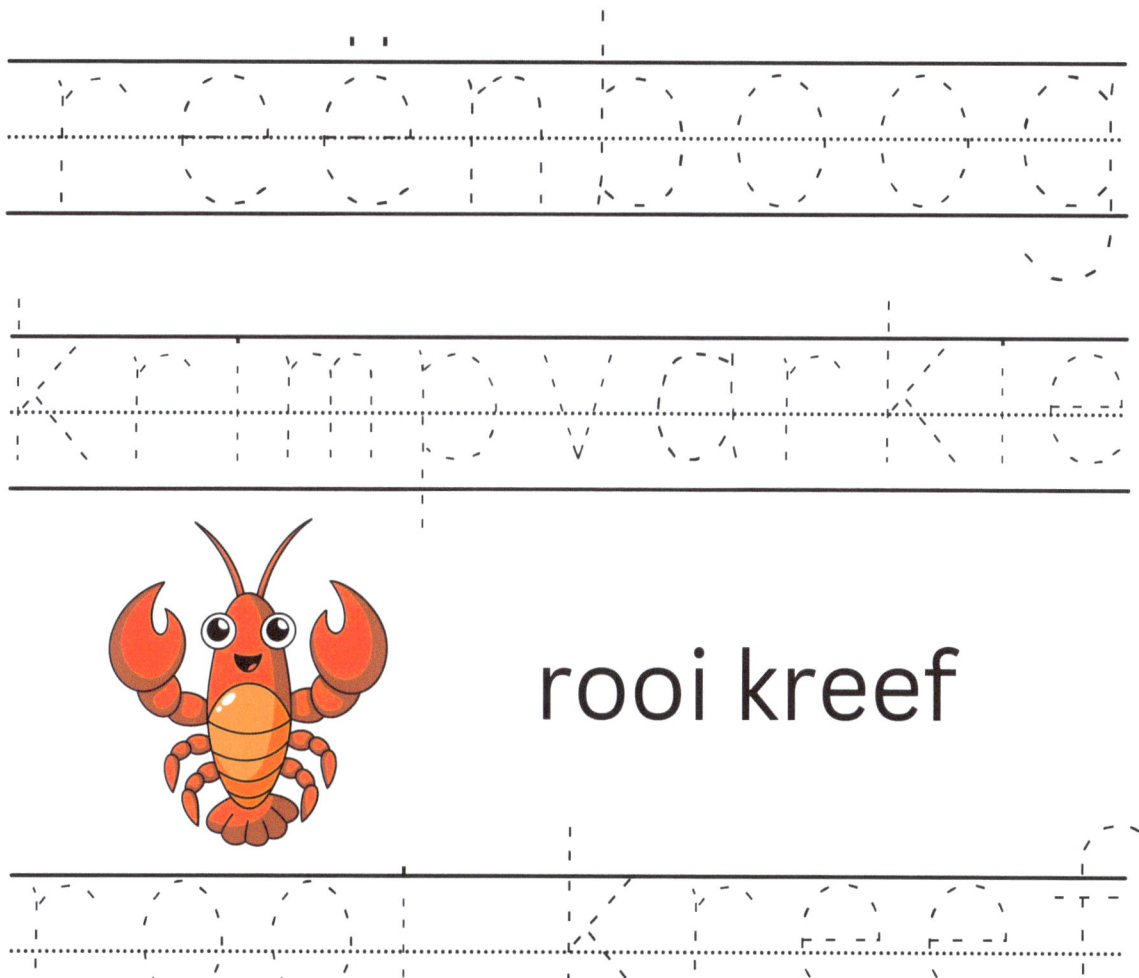

rooi kreef

rooi kreef

KLEURE

bruin

hoender

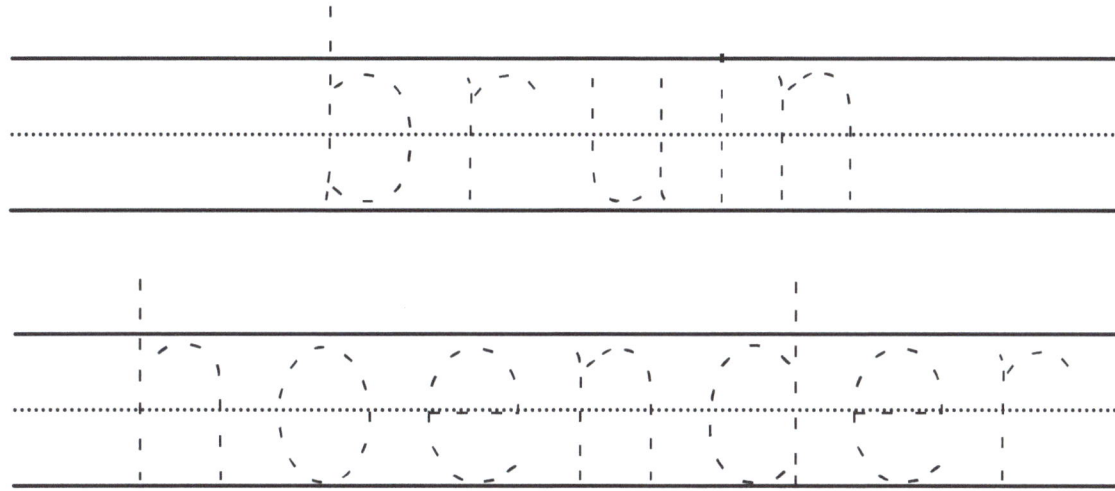

wit bok

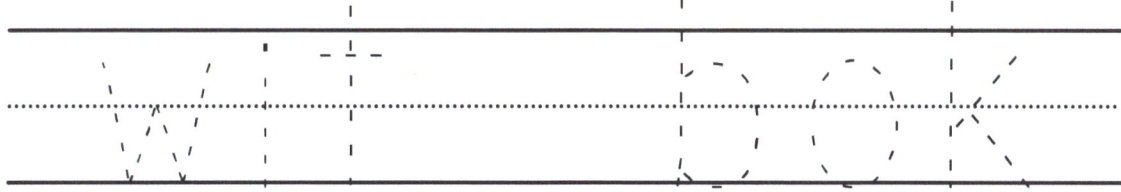

KLEURE

grys

donkie

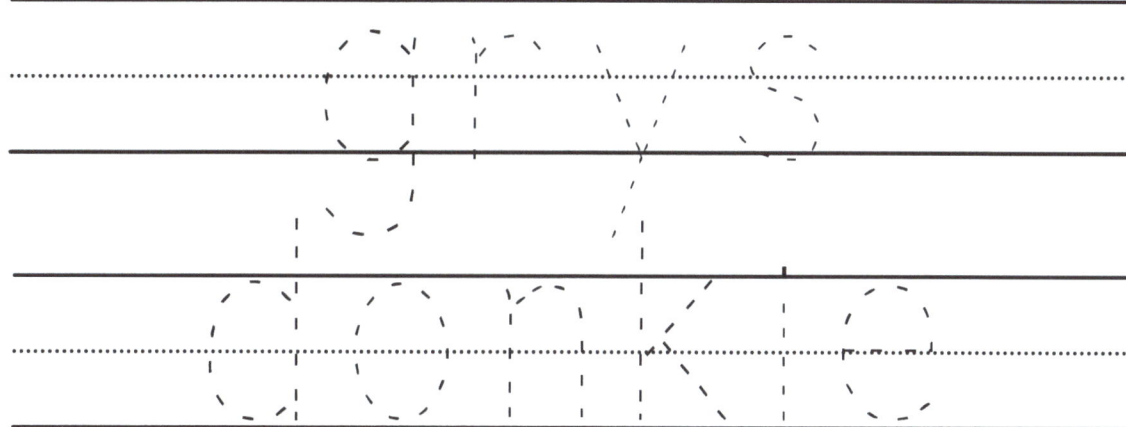

geel by

KLEURE

oranje

seester

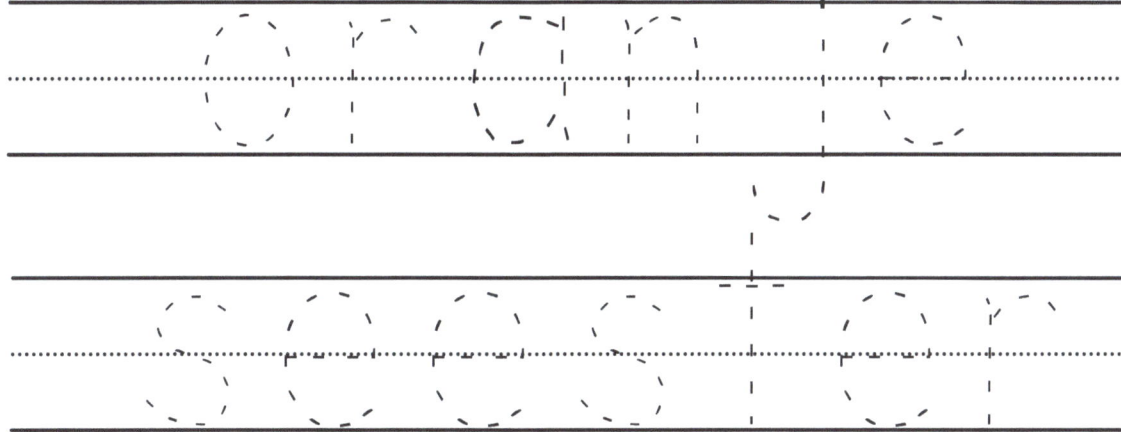

swart beer

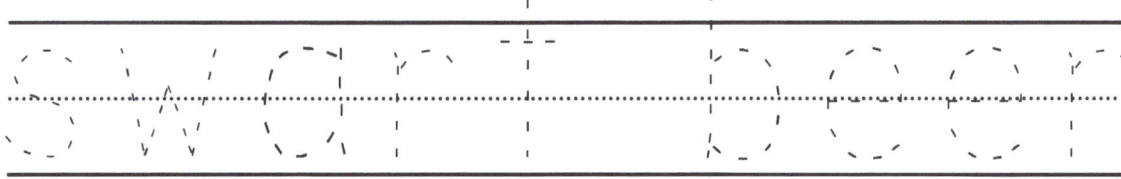

KLEURE

pienk

seeperdjie

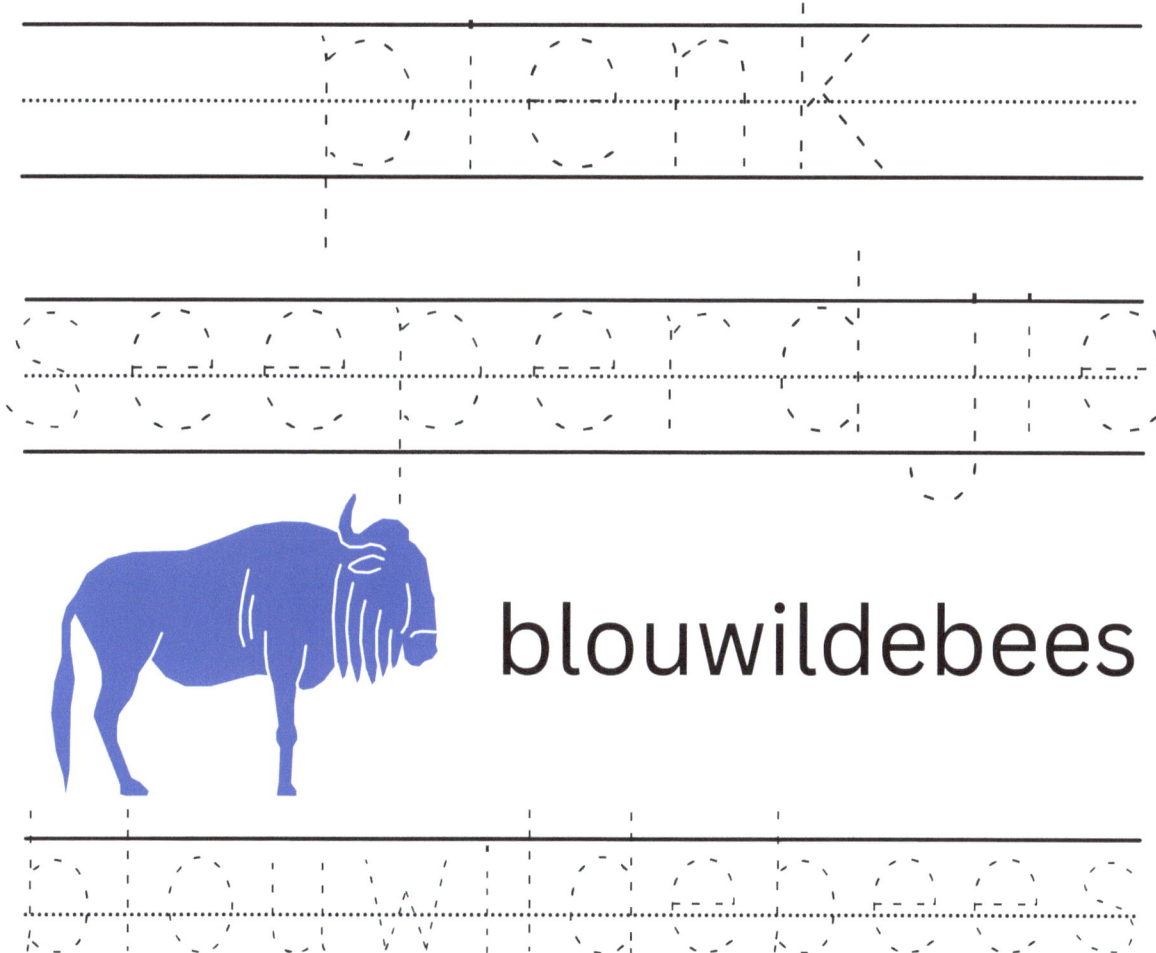

blouwildebees

KLEURE

groen

seeskilpad

groen

seeskilpad

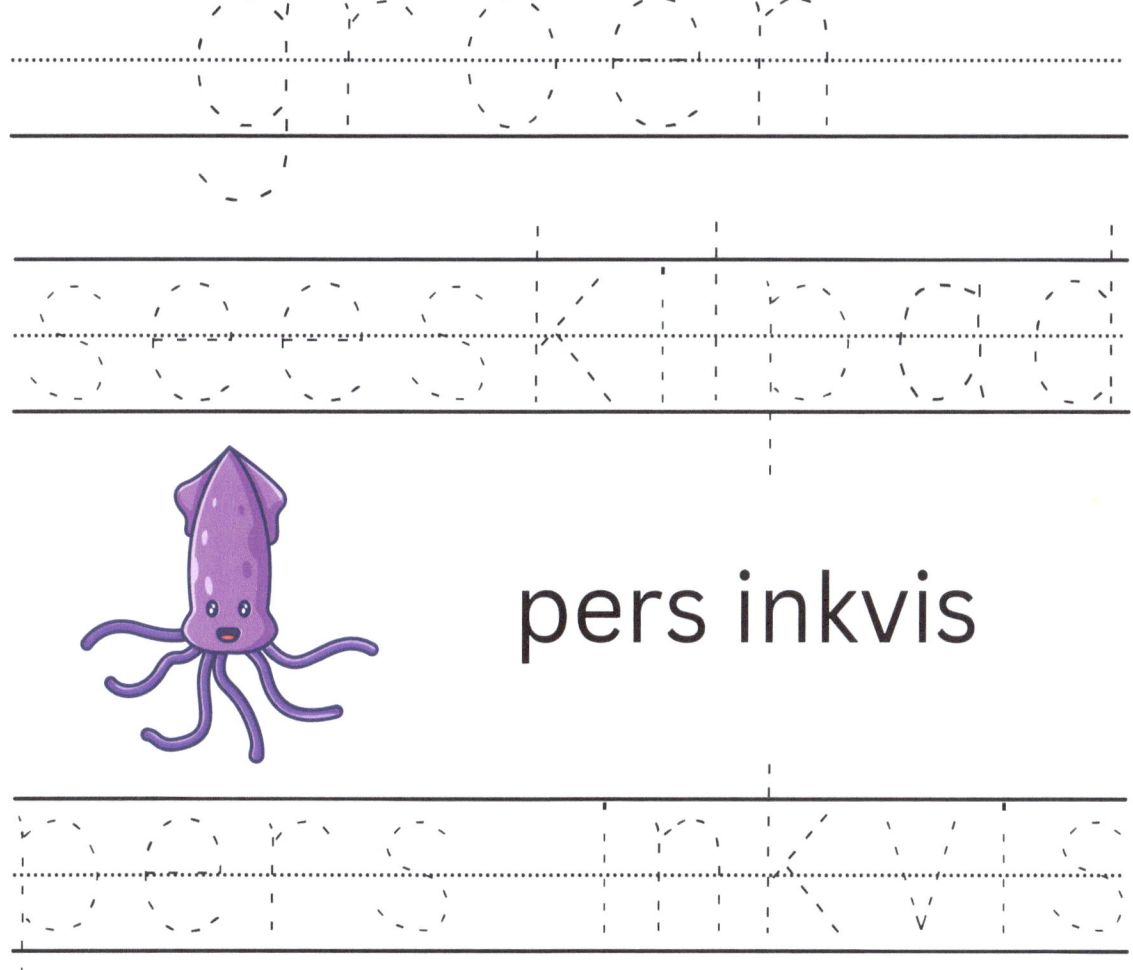

pers inkvis

pers inkvis

SKRYF 'N SIN

Kyk na die prentjie en skryf 'n sin daaroor.

<u>Voorbeeld:</u>
Hulle ry perd.

SKRYF 'N SIN

Kyk na die prentjie en skryf 'n sin daaroor.

<u>Voorbeeld:</u>
Die padda ry skaatsplank.

SKRYF 'N SIN

Kyk na die prentjie en skryf 'n sin daaroor.

<u>Voorbeeld:</u>
Die kat slaap.

SKRYF 'N SIN

Kyk na die prentjie en skryf 'n sin daaroor.

<u>Voorbeeld:</u>
Die takbok speel gholf.

SKRYF 'N SIN

Kyk na die prentjie en skryf 'n sin daaroor.

<u>Voorbeeld:</u>
Sussie voer die hoenders.

SKRYF 'N SIN

Kyk na die prentjie en skryf 'n sin daaroor.

<u>Voorbeeld:</u>
Die seeskilpad ry branderplank.

SKRYF 'N SIN

Kyk na die prentjie en skryf 'n sin daaroor.

<u>Voorbeeld:</u>

Hy het n vis gevang.

SKRYF 'N SIN

Kyk na die prentjie en skryf 'n sin daaroor.

<u>Voorbeeld:</u>
Die krokodil speel basketbal.

SKRYF 'N SIN

Kyk na die prentjie en skryf 'n sin daaroor.

<u>Voorbeeld</u>:
Sy gee vir die plante water.

MY IDEALE TROETELDIER

Watse troeteldier sou jy graag wou hê?

MY GUNSTELING DIER

Wat is jou gunsteling dier?

This book is part of a series of books
written in Afrikaans.

Ek SKRYF in Afrikaans oor DIERE
Ek SKRYF in Afrikaans oor my LIGGAAM
Ek SKRYF in Afrikaans oor KOS
Ek SKRYF in Afrikaans or BEROEPE
Ek SKRYF in Afrikaans oor SEISOENE
& more!

Be on the lookout for other Afrikaans reading
& activity books!

Ek TEL in Afrikaans
Ek LEES in Afrikaans
Ek BID in Afrikaans
& more!

Find them on

Amazon
&
southafricantreasures.com

Follow us on Instagram
@southafrican_treasures

Thank you for your support!

www.ingramcontent.com/pod-product-compliance
Lightning Source LLC
Chambersburg PA
CBHW041117300426
44112CB00002B/14